mela

Apfel

pera

Birne

arancia

Orange

limone

Zitrone

uva

Weintrauben

fragola

Erdbeere

cocomero

Wassermelone

cocco

Kokosnuss

banana

Banane

lampone

Himbeere

kiwi

Kiwi

ciliegia

Kirsche

mirtillo

Heidelbeere

prugna

Pflaume

pesca

Pfirsich

fico

Feige

ananas

Ananas

mango

Mango

cachi

Kaki

cavolfiore

Blumenkohl

zucchina

Zucchini

melanzana

Aubergine

carota

Karotte

patata

Kartoffel

cavolo

Kohl

pomodoro

Tomate

spinacio

Spinat

broccolo

Brokkoli

piselli

Erbsen

zucca

Kürbis

zucca pepona

Butternusskürbis

avocado

Avocado

carciofo

Artischocke

fungo

Pilz

ravanello

Radieschen

aglio

Knoblauch

cipolla

Zwiebel

barbabietola

Rote Beete

porro

Lauch

peperone

Paprika

peperoncino

Chilischoten

asparago

Spargel